**Grandes Inventions** I numéro **1**

# GUTENBERG
## ET L'IMPRIMERIE À CARACTÈRES MOBILES

— Vers une révolution du livre

par Sébastien Afonso

**50MINUTES**

# GUTENBERG ET L'IMPRIMERIE À CARACTÈRES MOBILES

- **Naissance ?** Vers 1399 à Mayence (Allemagne).
- **Mort ?** Le 3 février 1468 dans la même ville.
- **Apports notoires ?** La mise au point des caractères métalliques mobiles utilisés dans l'impression, et de la typographie.
- **Répercussions de l'invention ?**
  - Le bouleversement du mode de production des livres.
  - L'accélération de la circulation des textes et des idées.

Gutenberg, un nom que tout le monde connaît aujourd'hui. Et pour cause ! Grâce à ses travaux sur l'imprimerie, il a bouleversé le cours de l'histoire européenne. Pourtant, dans les faits, l'homme reste un inconnu, une figure presque légendaire dont la biographie est émaillée d'obscurité. Il faut dire que la documentation le concernant est bien maigre : on ne connaît que 36 documents antérieurs à sa mort. La plupart de ces archives sont particulièrement arides et sujettes à de multiples interprétations. Ces lacunes ont permis les plus folles allégations : tantôt est niée sa paternité de l'imprimerie, tantôt il est présenté comme un usurpateur qui aurait exploité un procédé mis en place par d'autres inventeurs avant lui.

Seuls les quelques matériaux imprimés qui nous sont parvenus peuvent fournir des pistes en vue de soulever la part d'ombre qui entoure le personnage. Mais, là encore, la route est semée d'embûches puisque aucun des livres sortis de son atelier ne porte son nom ni son adresse, pas même la fameuse Bible dite « B 42 » (désignée par le nombre de lignes qui composent une page). Sans révéler tous les secrets de fabrication ni les vicissitudes de la mise au point de l'invention, ces investigations ont toutefois permis d'approcher le génie de Johannes Gutenberg, de même que ses incertitudes.

# CONTEXTE

## LA SITUATION ÉCONOMIQUE DE L'EUROPE AU XVᵉ SIÈCLE

L'Europe connaît au XVᵉ siècle une phase de transition, marquée par une période de reprise économique et humaine. Dès la fin du siècle, on assiste à une augmentation démographique qui estompe partiellement les dégâts occasionnés par la Grande Peste du siècle précédent. La reprise économique accompagne cette conjoncture favorable.

Alors que les réseaux urbains et le négoce se renforcent, l'essor du capitalisme permet de mettre à la disposition des techniciens et des inventeurs les fonds nécessaires à l'aboutissement de leurs recherches. Bien que les liens directs entre les mutations économiques et l'innovation soient difficiles à établir, la société du couloir rhénan dans laquelle Johannes Gutenberg évolue est plongée dans un contexte marqué par de nombreuses évolutions techniques, ainsi que par un capitalisme monétaire et financier naissant.

## LES CONDITIONS TECHNIQUES DE LA DÉCOUVERTE

Même s'il est unanimement admis que l'imprimerie qui utilise des caractères en plomb a été mise au point par Johannes Gutenberg, d'autres que lui ont mené des recherches similaires, comme Procope Waldfoghel (imprimeur germanique, mort en 1446) ou encore Laurent Coster (imprimeur hollandais, vers 1405-vers 1484). La découverte et les avancées qu'elle suscite semblent donc être dans l'air du temps.

Si l'on exclut son impact spectaculaire, notamment sur la diffusion des savoirs, pour se concentrer sur les seuls aspects techniques, l'imprimerie n'est pas à proprement parler une innovation révolutionnaire. Elle est davantage l'assemblage de nombreuses techniques artisanales et de connaissances empiriques. Invention de synthèse, l'imprimerie est ainsi fondée sur d'autres procédés préexistants plutôt que sur une réelle avancée scientifique totalement novatrice. Mais l'originalité de la typographie réside surtout dans l'articulation des techniques : le travail du métal, la composition du texte par les caractères mobiles et l'utilisation de la presse à imprimer.

En outre, l'utilisation croissante du papier est une condition indispensable pour que l'imprimerie se développe. Depuis le XIII$^e$ siècle, son utilisation se généralise et vient pallier une demande croissante que le seul parchemin (fait à partir d'une peau animale traitée) ne peut satisfaire. Le premier espace de production du papier se situe en Italie, en liaison permanente avec le monde byzantin et le monde arabo-musulman, suivie ensuite par l'Espagne, puis par la France. En Europe centrale et rhénane, siège de l'invention de Johannes Gutenberg, le papier produit est encore de médiocre qualité.

# LE LIVRE ET LA DIFFUSION DE L'ÉCRIT

La reproduction mécanique des livres induit une révolution capitale, qui elle-même s'ajoute à d'autres avancées majeures qu'a connues le livre, tant au niveau de la forme que du support.

Précisons tout d'abord que le livre ne peut être identifié selon sa technique de production. Avant l'invention de l'imprimerie, les livres existaient bel et bien, qu'ils soient illustrés ou non. C'était alors aux scribes de retranscrire les textes qui leur étaient confiés afin d'en réaliser des livres, ou tout simplement de copier des ouvrages déjà existants. Leurs techniques de travail ont connu plusieurs transformations, accélérées notamment par le recours aux écritures cursives, plus faciles à décrypter, et par la copie de cahiers séparés qui n'immobilisait pas l'ouvrage entier. La présentation des textes à elle aussi été améliorée au fil du temps. Le manuscrit se pare de systèmes de repérage qui facilitent grandement le travail des copistes, mais également la lecture : on voit apparaître la numérotation des feuillets, des colonnes et des lignes, ainsi que les renvois et les index, autant de perfectionnements qui donneront plus tard son aspect au livre moderne. Ces progrès sont à mettre en relation avec l'évolution de la lecture qui se développe au XIII$^e$ siècle, et la progressive substitution de la pratique traditionnelle de la lecture à haute voix à une lecture visuelle et silencieuse rendue possible par la séparation des mots.

La demande de livres a bien évidemment joué un rôle primordial dans l'éclosion de l'invention. L'écrit prend en effet une place grandissante dans la société, et son emploi est de plus en plus généralisé au XV$^e$ siècle. Cependant, bien que l'invention soit amenée à jouer plus tard un rôle considérable dans la diffusion des connaissances, elle ne semble pas avoir voulu répondre au départ à des exigences intellectuelles. L'hypothèse d'un humanisme conquérant n'explique donc pas l'invention de l'imprimerie. C'est d'ailleurs l'Église qui est, dans un premier temps, le principal client et fournisseur de textes aux imprimeurs.

Malgré un ensemble de conditions conjoncturelles, techniques et culturelles favorables, la naissance du nouveau médium qu'est l'imprimerie n'est pas inéluctable, et la compréhension de son apparition est inséparable des recherches menées par son inventeur mayençais.

## UNE JEUNESSE ENTOURÉE DE MYSTÈRE

Johannes Gutenberg – de son vrai nom Johannes Geinsfleisch zur Laden – est né à Mayence vers 1399 dans une famille appartenant au patriciat de la ville. Son père, Friel (mort en 1419), bien qu'orfèvre de profession, s'occupe également du commerce des étoffes qui constitue l'un des piliers économiques de la ville. Il appartient à la confrérie de l'hôtel des Monnaies, une élite chargée de superviser la production monétaire de l'archevêché. Johannes Gutenberg est le cadet de trois enfants, fruit du second mariage de son père avec Else Wirich (morte en 1433).

On sait très peu de choses sur son éducation. Un certain Johannes de Alta Villa, identifié comme étant Johannes Gutenberg, est inscrit en 1418 à l'université de l'archidiocèse de Mayence à Erfurt. Il obtient son diplôme vers 1419/1420, période durant laquelle le père de Gutenberg décède. On ignore par contre quel apprentissage il a suivi, mais l'on suppose qu'il s'est initié au travail des métaux.

Johannes Gutenberg quitte Mayence vers 1430. Comme son père avant lui, il est contraint à l'exil suite à des luttes récurrentes pour le contrôle des affaires publiques entre le patriciat oligarchique, les artisans et les nouveaux marchands organisés en corporations. Malgré une trêve conclue rapidement qui lui permet de réinté-grer la cité, Johannes Gutenberg choisit de prolonger son séjour à Strasbourg, où il s'est installé en tant qu'orfèvre dans le faubourg de Saint-Arbogast dès 1434. Il reste dans la métropole rhénane pendant dix ans.

# L'ÉPISODE STRASBOURGEOIS

Le séjour strasbourgeois de Johannes Gutenberg a divisé des générations de spécialistes, opposés quant à la nature et à l'interprétation des travaux qu'il y a menés.

Entre 1436 et 1439, Gutenberg s'est associé à trois Strasbourgeois pour exploiter des procédés industriels qu'il leur a secrètement enseignés contre rémunération. L'un d'entre eux, Andreas Dritzen, étant mort durant les recherches, ses héritiers proposent à Gutenberg de le remplacer dans l'association, ce qui fait naître un conflit judiciaire en 1439. Grâce aux pièces de l'instruction, nous apprenons que les recherches de Johannes Gutenberg se rapportaient à trois objets différents : le polissage des pierres, la fabrication des miroirs et enfin un « art nouveau ».

## DES MIROIRS ?

La production de miroirs enchâssés dans un encadrement moulé, destinés à être vendus aux pèlerins d'Aix-la-Chapelle, nécessite de maîtriser les techniques du travail du métal. En raison de leur composition, ces objets, fabriqués en série, peuvent donc être liés à ce que sera plus tard la typographie à caractères mobiles.

L'objet de la nouvelle activité dont il est question demeure secret, même si l'on apprend qu'elle implique l'utilisation d'une presse. Certains ont supposé que les documents d'instruction faisaient référence, en des termes sibyllins, à de précoces expériences typographiques. Cependant, aucune preuve matérielle n'est venue étayer cette hypothèse.

Après cela, d'autres procès, dont l'un pour rupture de promesse de mariage intenté par une patricienne et un autre pour insulte à l'encontre d'un cordonnier, ponctuent le séjour de Johannes Gutenberg à Strasbourg, autant de signes révélateurs d'une personnalité emportée.

# LE RETOUR À MAYENCE
# ET LES PREMIÈRES PRODUCTIONS

Entre 1444 et 1448, on perd la trace de Gutenberg, mais il réapparaît plus tard à Mayence dans sa maison natale. Il entre alors en affaire avec Johann Fust (vers 1400-1466), représentant d'une riche famille négociante dans la ville et en affaire à Nuremberg. Ce dernier finance les recherches de l'inventeur à hauteur de 800 florins en 1450. Entre-temps, Peter Schöffer (vers 1425-1502/1503) s'associe à l'affaire. Ce copiste et ancien étudiant au collège de la Sorbonne deviendra le gendre de Johann Fust. Deux ans plus tard, une nouvelle somme d'argent est investie dans l'entreprise. Le but est probablement de financer la fabrication du premier grand livre européen, la Bible à 42 lignes, dite « Bible de Gutenberg », sur laquelle l'imprimeur travaille au moins trois ans.



La fameuse Bible B 42 paraît probablement en 1455. Les deux volumes qui la composent ont semble-t-il été tirés à 180 exemplaires, dont une trentaine réalisée sur parchemin. Tous les exemplaires sont commandés et vendus avant même l'impression.

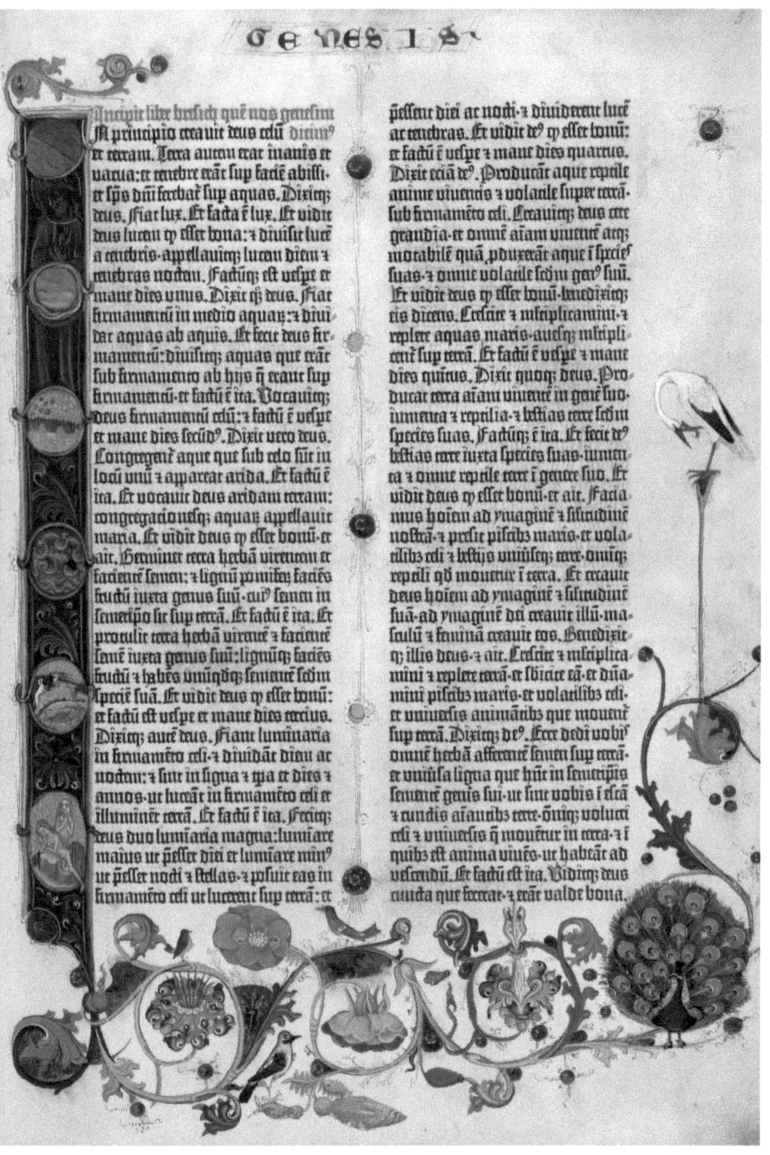

Extrait de la Genèse de la *Bible B 42* de Gutenberg.

## DE L'IMPRESSION DE LA BIBLE À LA DISPARITION DE L'INVENTEUR

Véritable réussite commerciale, l'affaire est cependant écrasée sous les frais. La nouvelle activité s'est révélée très gourmande en capitaux, et rapidement l'association périclite. Dès 1455, un procès oppose Johann Fust à Gutenberg. Le financier soupçonne l'inventeur d'avoir utilisé une partie de l'argent de l'entreprise pour ses productions personnelles, et réclame dès lors le remboursement des intérêts des quelque 1 550 florins qu'il a injectés dans la société. Malgré cela, Johannes Gutenberg poursuit seul ses travaux, alors que Fust et Peter Schöffer ouvrent un atelier concurrent.

Gutenberg conserve une partie de son matériel et continue à travailler à Mayence, où il s'occupe de la publication de livres populaires, dont un calendrier des saignées et une bulle contre les Turcs. Croulant sous les dettes, il semble avoir cessé d'imprimer vers 1458. Après la prise de Mayence par Adolphe II de Nassau (prince-électeur de Mayence, 1422-1475) en 1462, l'inventeur vit retiré et bénéficie de la protection de l'archevêque. Il meurt à Mayence en 1468 où il est inhumé dans l'église des Franciscains, aujourd'hui détruite.

# L'INVENTION DE L'IMPRIMERIE À CARACTÈRES MOBILES

C'est au travers des résultats obtenus et des développements ultérieurs de l'art typographique qu'a pu être reconstitué le cheminement de l'invention. La minutieuse analyse des premiers travaux imprimés par Johannes Gutenberg et de sa fameuse Bible révèle que la découverte est l'aboutissement de patientes et coûteuses recherches.

*Gutenberg inventant l'imprimerie*, tableau de Jean Antoine Laurent, 1831.

# LA FONTE DES CARACTÈRES TYPOGRAPHIQUES

Les composantes essentielles de l'invention de Gutenberg portent sur la fonte des caractères – ou types – et sur la technique métallurgique permettant leur fabrication en série. Chaque dessin de caractère est d'abord gravé en relief et à l'envers sur une pièce métallique afin de constituer un poinçon. Ce dernier est frappé au marteau dans un métal tendre, pour fournir un dessin en creux, c'est-à-dire une matrice. Celle-ci est ensuite utilisée pour la fonte afin de produire des types ayant la même hauteur.

Avant de parvenir à un résultat optimal, l'imprimeur a dû résoudre le problème des alliages. Aucune certitude n'a pu être avancée concernant les métaux employés à l'origine pour la création des poinçons, des matrices et des caractères. Il est cependant probable qu'il ait combiné pour la fabrication des caractères un alliage de plomb, d'étain et d'antimoine, dans des proportions qui restent cependant inconnues. Les poinçons en acier n'apparaissent et ne se généralisent que très progressivement, de même que les matrices en cuivre. Peter Schöffer aurait été le premier à utiliser les deux métaux.

Caractères mobiles en métal.

Au cours des premiers essais, plusieurs indices suggèrent que le programme éditorial de la Bible a été modifié en cours de route. Johannes Gutenberg aurait commencé à travailler sur un ouvrage à 36 lignes. Mais le fait de placer si peu de lignes sur chaque page aurait multiplié le nombre de feuillets, entraînant donc un coût en papier et en parchemin trop élevé. Il aurait alors abandonné ce premier essai au profit d'une Bible à 42 lignes, bien que cela ait nécessité la fonte de nouveaux caractères plus petits, augmentant ainsi considérablement le coût financier de l'impression.

## LA PRESSE À IMPRIMER

La nouvelle technique d'impression mise au point par Gutenberg emploie la presse à imprimer, elle-même dérivée et adaptée de machines déjà existantes. Malheureusement, nous ne savons rien de la presse qu'il a utilisée, car les premières représentations d'ateliers datent de la fin du XIV<sup>e</sup> siècle. On suppose toutefois qu'elle combinait un mouvement vertical avec un mouvement horizontal : la forme était d'abord placée sur le marbre, pour être ensuite positionnée à la main sous la platine qui exerce la pression. Cette dernière était actionnée verticalement par le biais d'une vis et d'un barreau. Lors de chaque pression, il fallait humidifier une feuille, sur laquelle viendront s'imprimer les caractères, et la disposer sur la forme. L'ensemble était stabilisé, et la machine souvent étayée au plafond de la pièce. On estime qu'il a fallu quatre presses pour produire les 180 exemplaires de la Bible, actionnées par une douzaine de pressiers.

La machine connaît au milieu du XVIIe siècle ses premières innovations. On trouve alors plusieurs types de presse. La presse hollandaise accélère l'impression grâce à un mécanisme utilisant les contrepoids qui permet de relever automatiquement la platine, évitant de devoir la dévisser lors de chaque impression. La seconde modification importante est d'origine bâloise : il s'agit de la presse de Hass, du nom du libraire-imprimeur qui l'aurait inventée. Cette fois, la forme est positionnée sur un chariot mobile, actionné par une crémaillère (barre métallique munie de crans actionnée par une manivelle) qui permet de présenter sous la platine une nouvelle feuille avant chaque pression. Malgré ces quelques innovations qui améliorent surtout la pression et la bonne disposition de la feuille, la technique mise au point par Gutenberg reste inchangée jusqu'au début de la révolution industrielle (seconde moitié du XVIIIe siècle).

## COMPOSITION ET IMPRESSION DU TEXTE

Gravure en bois de Jan van der Straet représentant un atelier d'impression au XVIe siècle.

La composition est l'une des opérations principales de la fabrication du livre. Une fois le texte établi et calibré, il est composé à partir d'un manuscrit ou d'une édition existante, que l'on appelle l'*exemplar*. Celui-ci est dérelié, et les feuillets sont placés sur un support en forme de lutrin (ou *visiorum*) au-dessus de la casse (casier en bois qui contient tous les caractères). Aujourd'hui encore, la Bible à 42 lignes, en deux volumes in-folio, est admirée pour la beauté du papier et des caractères typographiques employés, mais aussi pour la perfection de la mise en page sur deux colonnes, pour l'exactitude de la justification et l'attention apportée à l'ensemble de la réalisation.

Le compositeur, placé devant la casse, réunit les caractères lettre par lettre, puis ligne par ligne sur un composteur préalablement justifié, qui a précisément la longueur de la ligne souhaité, de manière à ce que les lignes successives forment un bloc. Les mots sont séparés par des espaces. La ligne n'étant en général pas pleine, il faut calibrer et caler l'ensemble. Celles-ci sont ensuite placées les unes à la suite des autres dans un plateau, appelé galée, jusqu'à constituer une page. La page ainsi créée est attachée et disposée à son tour dans la forme typographique qui réunit l'ensemble des pages dans un châssis. Cette opération est appelée l'imposition.

En analysant le travail réalisé dans l'édition de la Bible de Gutenberg, les chercheurs ont découvert qu'il n'y avait pas eu un seul compositeur, mais bien six. Ils ont en effet pu remarquer que les mêmes fautes d'orthographe reviennent systématiquement dans certains feuillets, alors qu'elles sont inexistantes dans d'autres. De même, l'espace séparant les deux colonnes de texte n'est pas uniforme tout au long du livre, laissant penser qu'il s'agit d'un travail collégial.

# L'IMPRESSION

L'impression proprement dite nécessite la présence de deux ouvriers au moins. Le margeur encre la forme, avec des balles, puis met en place la feuille vierge. Le positionnement de celle-ci se fait avec la plus grande précision, afin que le recto et le verso se superposent parfaitement. Le pressier actionne ensuite une vis centrale par le biais d'un barreau qui assure une pression verticale alors que l'on pousse le chariot sur lequel la platine s'abaisse.

## LE SAVIEZ-VOUS ?

Il a été calculé que chacun des volumes sur vélin de la Bible de Gutenberg, dont les 340 feuillets mesurent 42 centimètres sur 62, aurait exigé 170 peaux. Il aurait donc fallu 15 000 peaux pour la centaine d'exemplaires réalisés.

L'encre traditionnellement utilisée en imprimerie est une encre grasse. Des recherches récentes ont montré qu'elles contenaient à l'origine des quantités significatives de plomb et de cuivre. Mais dès 1473, toute trace de métaux disparaît. Des historiens, assistés par des physiciens, ont analysé l'encre de la Bible B 42 à l'aide d'un cyclotron (accélérateur de particules). Les résultats ont démontré que l'encre utilisée était identique à celle utilisée pour certaines de ses premières publications, permettant d'attester de sa paternité avec plus de sûreté. Outre du plomb, elle contenait du titane (un élément isolé seulement en 1791), du cuivre et aussi de la céruse qui permet d'accélérer le séchage.

## LE SAVIEZ-VOUS ?

L'analyse de l'encre a également permis de reconstituer la chronologie de la fabrication de la Bible. Gutenberg semble en effet avoir utilisé 294 pots d'encre différents, correspondant à autant de jours de travail. Compte tenu des jours fériés en Rhénanie, l'impression a dû prendre environ 13 mois.

# LA DIFFUSION DU PROCÉDÉ RÉVOLUTIONNAIRE

Au cours des 15 premières années, l'invention se diffuse lentement. Hormis l'apparition d'ateliers d'imprimerie à Harlem et à Strasbourg vers 1458-1459, le procédé demeure relativement secret et circonscrit autour de Mayence. La situation évolue après le siège de la cité épiscopale en 1462, qui a provoqué la dispersion des anciens compagnons de Gutenberg partis chercher fortune ailleurs. De 1465 à 1475, le rythme de la diffusion de l'imprimerie s'accélère, si bien qu'à cette époque près de 60 nouvelles villes réparties dans toute l'Europe possèdent au moins un atelier d'imprimerie. Mayence se voit donc concurrencée par des centres plus puissants, tels que Nuremberg, Cologne ou Strasbourg, puis enfin par de grandes cités étrangères, comme Venise et Paris. Vers 1475, on compte près de 1 000 éditions imprimées et distribuées. Les métiers de l'imprimerie et de l'édition, étroitement liés, voient le jour au cours de ce quart de siècle.

Vers 1500, c'est toute l'Europe qui est concernée : 240 à 270 villes possèdent désormais une presse. La production d'incunables (nom donné aux impressions réalisées avant 1501) se concentre surtout en Italie (40 %) et en Allemagne (31 %), puis en France (16 %) et dans les anciens Pays-Bas (9 %). Si au cours du XVI$^e$ siècle, la copie manuelle reste une réalité, le livre imprimé est néanmoins devenu un objet commun de la culture littéraire.

# RÉPERCUSSIONS

## LA RÉCEPTION DE L'IMPRIMERIE

Si les contemporains de Gutenberg ont eu le sentiment de vivre une véritable mutation intellectuelle et culturelle, la réception de l'invention a été, dans un premier temps, assez mitigée. Les témoignages font état d'un mélange d'enthousiasme et de crainte. Si l'idée de pouvoir multiplier les exemplaires plus rapidement et à moindre coût en séduit plus d'un, certains humanistes redoutent que les éditions soient de moins bonne qualité, vu le peu de temps nécessaire à leur fabrication. D'autres soulignent également le refus de voir la culture mise à la disposition du plus grand nombre.

## LE LIVRE IMPRIMÉ, UN OBJET DEVENU CLASSIQUE

Dans les années qui suivent la mise au point de la typographie, les livres conservent la même apparence que les manuscrits. En effet, le livre imprimé ne s'émancipe que progressivement des formes qui avaient été les siennes et reproduit donc pour un temps encore celles du manuscrit. Ce n'est qu'au début du XVIe siècle que l'espace de la page, les systèmes de repérage et d'identification, ainsi que l'écriture elle-même prennent des figures nouvelles. L'évolution la plus significative concerne l'illustration qui est désormais gravée dans le bois, ce qui permet d'associer image et texte.

En revanche, l'invention de Gutenberg change radicalement le rythme et l'échelle de production des livres, modifiant en retour leur système de production, leur prix et l'horizon des lecteurs. Au début du XVIe siècle déjà, le livre imprimé est devenu commun au point d'être même préféré au manuscrit. Et pour cause, on estime qu'à la fin du xve siècle 10 à 15 000 textes différents ont été imprimés à des tirages divers. Au xvie siècle, on dépasse les 150 000 titres.

## L'IMPRIMERIE, CATALYSEUR DES CHANGEMENTS SOCIÉTAUX

Outre l'objet livre lui-même, l'imprimerie a été le catalyseur de changements radicaux dans la société, induits notamment par la diffusion plus large du savoir.

On associe rapidement la découverte de l'imprimerie au triomphe de la Renaissance, période considérée comme étant en rupture avec le Moyen Âge et caractérisée par un rapport privilégié avec l'Antiquité, la modernité et l'esprit humaniste. Il faut toutefois noter la part importante prise par les textes religieux dans la production littéraire. Avant 1468, les publications religieuses représentaient 73 % de la production, contre 19 % dédiés aux textes humanistes. En outre, les premiers imprimeurs puisent largement dans le répertoire des textes médiévaux afin de les rendre disponibles à une clientèle plus large. À partir du xvie siècle, la part dédiée aux ouvrages religieux se réduit. On assiste alors au triomphe de l'esprit humaniste avec la multiplication des éditions savantes et des textes antiques.

L'imprimerie a également joué un rôle primordial dans la naissance et le développement de la Réforme qui aboutit à une scission de l'Église catholique romaine et de l'Église protestante. Amorcée par Martin Luther (théologien allemand, 1483-1546) en Allemagne dès 1517, suivie par Ulrich Zwingli (1484-1531) à Zurich, par Martin Bucer (1491-1551) à Strasbourg et par Jean Calvin (1509-1564) à Paris et à Genève, les pensées des réformateurs touchent la majeure partie de l'Europe du Nord-Ouest. L'imprimerie permet la diffusion de leurs doctrines, de même que les éditions de la Bible en langues vulgaires contribuent à établir un contact direct avec les lecteurs, leur permettant de réfléchir à la signification des textes saints.

## LA RÉVOLUTION GUTENBERGIENNE DANS L'HISTOIRE

L'innovation introduite par Johannes Gutenberg marque un véritable tournant dans l'histoire des modes de communication européenne, mais également dans l'histoire de l'humanité, bouleversant le quotidien des hommes. Pour se répandre, il lui a non seulement fallu être viable sur les plans technique et économique, mais également répondre à une demande, tout en ayant à sa disposition les conditions de production et de distribution nécessaires à son apparition.

Mais elle n'est pas la seule révolution que la communication écrite ait connue. Au XIX$^e$ siècle, le développement de la révolution industrielle entraîne une série de bouleversements techniques et structurels. Le recours à la stéréotypie, la mécanisation progressive des presses et la mise au point de la rotative sont des innovations majeures qui ont permis d'augmenter considérablement les tirages et de rompre définitivement avec l'ancienne presse à bras. Les changements structurels qui touchent l'organisation du monde de l'édition sont autant de caractéristiques qui préfigurent la culture de masse. Les moyens de production sont désormais concentrés, nécessitant l'intervention du capitalisme financier dans les affaires de la librairie alors que se précisent l'essor et la concurrence de la presse périodique.

La dernière révolution des médias en date, tout aussi radicale et encore à l'œuvre aujourd'hui, est apparue dans les années 2000 avec la banalisation des télécommunications et de l'informatique. L'édition électronique, en s'affranchissant du papier, introduit une rupture encore plus radicale que celle de l'invention de Gutenberg, qui, sans rompre avec la forme du manuscrit, avait seulement pour objectif de produire des livres plus rapidement et à un coût moins élevé. En dématérialisant la page imprimée, les nouveaux supports multimédias, dont le livre numérique, modifient la production et la reproduction des textes, la manipulation des livres, mais aussi les pratiques de lecture. Cependant, le livre papier reste un outil performant, toujours associé au plaisir de la lecture. Les observateurs les plus avisés annoncent ainsi une cohabitation probable des deux formes, au moins dans les prochaines décennies, tout en affirmant que ces technologies imposeront certainement un nouveau rapport tant physique qu'intellectuel aux textes.

Ces perspectives invitent à s'interroger sur le statut et les prolongations des innovations techniques, de même que sur le sentiment de rupture qu'a pu constituer l'imprimerie pour les contemporains de Gutenberg.

# EN RÉSUMÉ

- Issu d'une famille patricienne prospère, Johannes Gutenberg, né à Mayence vers 1399, semble s'être initié jeune au travail des métaux.
- Installé à Strasbourg entre 1444 et 1448, il mène différentes recherches sur des procédés industriels, impliquant la reproduction d'objets en série, dont certains peut-être en lien avec l'imprimerie.
- En 1450, Gutenberg s'associe avec Johann Fust, qui finance le projet de l'impression de la Bible à 42 lignes, chef d'œuvre de l'art typographique. Le premier ouvrage sort des presses de l'atelier de Mayence en 1455.
- Malgré ce succès, l'association est dissoute à la suite de querelles judiciaires, qui ruinent Gutenberg.
- Il poursuit toutefois son activité d'imprimeur dans sa ville natale jusqu'en 1458, et publie quelques livres populaires. Profondément endetté, il finit par mettre un terme à son activité et vit retiré jusqu'à sa mort en 1468.
- Tenue relativement secrète durant les 15 premières années, l'invention de la typographie mobile s'étend rapidement à l'ensemble de l'Europe à la suite du siège de la ville de Mayence.
- Vers 1500, le livre imprimé devient la norme, détrônant définitivement le manuscrit comme mode de communication intellectuel.
- L'invention de Gutenberg constitue une véritable révolution qui facilite la circulation des idées et des textes. À court et à moyen terme, la production en série de livres imprimés favorise le triomphe de l'humanisme de la Renaissance, de même que le développement des idées du protestantisme.

# POUR ALLER PLUS LOIN

## SOURCES BIBLIOGRAPHIQUES


- BARBIER (Frédéric), *L'Europe de Gutenberg. Le livre et l'invention de la modernité occidentale*, Paris, Belin, 2006.
- BARBIER (Frédéric), *Histoire du livre*, Paris, Armand Colin, 2009.
- BECHTEL (Guy), *Gutenberg*, Paris, Fayard, 1992.
- DÉDAME (Roger), *Une histoire du livre. De Gutenberg au multimédia*, Paris, Temps des cerises, 2004.
- FEBVRE (Lucien) et MARTIN (Henri-Jean), *L'apparition du livre*, Paris, Albin Michel, 1999.
- GILMONT (Jean-François), *Le livre, du manuscrit à l'ère électronique*, Liège, Éditions du Céfal, 1998.
- HAMMAN (A.G.), *L'épopée du livre*, Paris, Perrin, 1985.
- MARTIN (Henri-Jean), « La révolution de l'imprimé », in *Histoire de l'édition française*, vol. 1, Paris, Promodis, 1982, p. 145-161.
- NEEDHAM (Paul), « Johannes Gutenberg et l'invention de l'imprimerie en Europe », in *Les trois révolutions du livre. Catalogue de l'exposition du musée des Arts et Métiers*, Paris, Imprimerie nationale, 2002, p. 181-187.
- SCHUWER (Philippe), PÉCHOIN (Daniel) et FOUCHÉ (Pascal), *Dictionnaire encyclopédique du livre*, Paris, Éditions du cercle de la Librairie, 2002.


## SOURCES COMPLÉMENTAIRES


- EISENSTEIN (Elizabeth L.), *La révolution de l'imprimé à l'aube de l'Europe moderne*, Paris, Éditions Pluriel, 2003.
- GUIGNARD (Jacques), *Gutenberg et son œuvre*, Paris, Éditions Estienne, 1960.

- ING (Janet), *Johann Gutenberg and His Bible. A Historical Study*, New York, The Typophiles, 1988.
- JOURQUIN (Jacques), *Gutenberg, de l'or au plomb*, Paris, Jacques Damase, 1988.
- MCLUHAN (Marshall), *La galaxie Gutenberg. La genèse de l'homme typographique*, Paris, Gallimard, 1977.
- SCHOLDERER (Victor), *Johann Gutenberg, the Inventor of Printing*, Londres, British Museum, 1970.
- TODD (William B.), *The Gutenberg Bible. New Evidence of the Original Printing*, Chapel Hill, Hanes Foundation/The University of North Carolina, 1982.

## SOURCES ICONOGRAPHIQUES

- Extrait de la Genèse de la Bible B 42 de Gutenberg. La photo reproduite est réputée libre de droits.
- *Gutenberg inventant l'imprimerie*, tableau de Jean Antoine Laurent, 1831. La photo reproduite est réputée libre de droits.
- Caractères mobiles en métal. La photo reproduite est réputée libre de droits.
- Gravure en bois de Jan van der Straet représentant un atelier d'impression au XVI<sup>e</sup> siècle. La photo reproduite est réputée libre de droits.

## FILM ET DOCUMENTAIRES

- *L'Invention de Gutenberg : les débuts de la typographie*, documentaire du Centre national de documentation pédagogique, France, 1979.
- *Gutenberg*, in « Le temps d'un portrait », documentaire du Centre national de documentation pédagogique, France, 1995.
- *Discovering Sixteenth Century Strasbourg*, film de Nick Levinson et de Tim Benton, États-Unis, 1989.

www.50minutes.com

Éditeur responsable : Lemaitre Publishing
Rue Lemaitre 4 | BE-5000 Namur
info@lemaitre-editions.com

ISBN ebook : 978-2-8062-5498-6
ISBN papier : 978-2-8062-5676-8
Dépôt légal : D/2015/12603/47
Photo de couverture : réputée libre de droits.

Conception numérique : Primento,
le partenaire numérique des éditeurs